# Vivir en Armonía

Un discurso de
## Sri Mata Amritanandamayi

en la
Cumbre del Milenio por la Paz Mundial
de los Líderes Espirituales y Religiosos

La Asamblea General de las Naciones Unidas
29 de Agosto del 2000

Mata Amritanandamayi Center, San Ramon
California, Estados Unidos

Vivir en armonía, ONU 2000
Un discurso de Sri Mata Amritanandamayi

Publicado por:
   Mata Amritanandamayi Center
   P.O. Box 613
   San Ramon, CA 94583
   Estados Unidos

———— *Living in Harmony (Spanish)* ————

Primera edición por MA Center: septiembre de 2016

En España: www.amma-spain.org
   fundación@amma-spain.org

En la India:
   inform@amritapuri.org
   www.amritapuri.org

# Sumario

# Prólogo

Los líderes religiosos de más de 150 países se congregaron en el salón de la Asamblea General de la Organización de las Naciones Unidas para compartir sabiduría y experiencia durante tres días llenos de alegría y renovado optimismo. Fue una reunión muy especial. En este momento en el que la idea de lograr una paz global parece más bien un sueño, esta reunión de los líderes espirituales y religiosos del mundo, ha traído un rayo de esperanza a los amantes de la paz de todo el planeta.

Los corazones de los participantes estaban llenos de amor y entusiasmo, creando una atmósfera de hermandad entre los miembros de la familia universal. El primer día de la Cumbre, los programas empezaron con el sonido de la concha, el redoblar de tambores Taiko y una sesión de oraciones muy emotiva. Se generó así una vibrante atmósfera espiritual como nunca antes se había producido en la Asamblea General de la ONU. Los idiomas eran distintos, pero los sentimientos, profundos e intensos, eran comunes e idénticos.

Cuando Amma se dirigió al estrado el primer día, el coordinador jefe de la Cumbre, Señor Bawa

Jain, la saludó con estas palabras: "Sea bienvenida estimada Madre. ¿Nos podría bendecir con sus oraciones?"

En cierta ocasión, Amma dijo: "La oración significa humildad. Cuando nos postramos con humildad ante toda la creación, la paz inunda todos los aspectos de nuestra vida." Con ese mismo espíritu y tras la bienvenida, Amma ofreció dos oraciones sánscritas muy conocidas.

Es fácil pronunciar palabras, pero transmitir claramente el significado de lo que se está diciendo y que penetre hasta los niveles más profundos de la conciencia, es algo que solo un Alma Realizada, como Amma, lo puede hacer. Su oración creó una atmósfera muy especial. Su voz se paseó por todo el salón de la Asamblea General de la ONU como una fresca y suave brisa, transmitiendo y despertando dulces y tranquilizadores sentimientos de amor y paz.

Al día siguiente, el discurso de Amma fue pronunciado ante una asamblea que llenaba completamente la sala. De pie y situada detrás del podio con el emblema de las Naciones Unidas, Amma, la compasiva Madre de todos, habló en lengua malayalam, de forma sencilla y lúcida a la vez.

Hubo muchas risas cuando Amma contó la historia sobre los tres líderes espirituales que decidieron celebrar una reunión a favor de la paz. Los delegados la ovacionaron de pie, varias veces, pero muy especialmente cuando se refirió a las armas: "El trasladar las armas nucleares del mundo a un museo, no posibilitará la paz mundial. Primero deben ser eliminadas las armas nucleares de la mente."

El discurso de Amma fue único en muchos sentidos. Su contenido se vio enriquecido por la luz de la pura experiencia espiritual. Aquí, la voz de la suprema armonía, del amor y de la paz, estaba hablando sobre las cualidades que ella misma encarnaba, otorgando a su mensaje un significado e intensidad especiales.

Cuando Amma fue entrevistada por las cadenas de televisión BBC y PBS, así como por otros medios de comunicación durante la Cumbre, enfatizó la necesidad de contar con un foro de líderes religiosos y espirituales para discutir, formular y aplicar soluciones espirituales a los conflictos existentes en la sociedad. La Madre dijo: "Las soluciones ya están en los textos religiosos, en forma de visiones espirituales y nuevas percepciones. Nuestros antepasados, los grandes santos y sabios que lograron la cumbre de la existencia humana, nos han transmitido numerosos consejos sobre cómo llevar una vida pacífica y armoniosa. La auténtica pregunta es si estamos dispuestos a poner todo esto en práctica."

Hubo un momento mágico cuando un periodista le preguntó a la Madre qué haría si ella gobernara el mundo. Amma le contestó: "Me dedicaría a barrer". El periodista la miró socarronamente y Amma le explicó con una sonrisa: "¡Barrería la mente de todos hasta que estuviera limpia!"

Mientras disipa la oscuridad que envuelve el alma humana, y lleva a los seres humanos hacia la luz de la gracia y belleza de Dios, Amma, la irresistible amante de toda la creación, prefiere describirse a sí misma como una humilde barrendera de las mentes humanas, en vez de líder espiritual del mundo, lo que, en realidad, es.

Describir a Amma y la sabiduría que imparte, está más allá de mi capacidad. Asombrado, como siempre lo estoy, simplemente me postro ante este fenómeno incomprensible, conocido como Amma.

— Swami Amritaswarupananda

# Introducción

Dag Hammarskjöld, el primer Secretario General de las Naciones Unidas, dijo una vez: "Hemos intentado traer la paz a esta tierra y, desgraciadamente, hemos fracasado. A menos que haya un renacimiento espiritual, este mundo no conocerá la paz." Y ahora, a comienzos del nuevo milenio, las Naciones Unidas, por vez primera, en sus cincuenta y cinco años de existencia, ha invitado a líderes espirituales y religiosos de diferentes confesiones de todos los rincones del mundo para forjar una alianza con las Naciones Unidas. La Cumbre tenía por objeto encontrar fórmulas para que las comunidades espirituales y religiosas del mundo entero trabajen juntas, como aliados interconfesionales de las Naciones Unidas, en iniciativas específicas a favor de la paz, en la superación de la pobreza y en la protección del medioambiente. La Cumbre se celebró entre el 28 y el 31 de agosto del 2000, en el salón de la Asamblea General de las Naciones Unidas y en el hotel Waldorf Astoria de Nueva York.

El 28 de agosto fue declarado "Día de la oración por la paz mundial". El Secretario General de la Cumbre, Bawa Jain, declaró: "Hemos pedido a las personas de todo el mundo que se reúnan en sus lugares de culto, trabajo, calles u hogares para participar en la oración por la paz, al mismo tiempo que lo hacen los líderes religiosos congregados en el edificio de las Naciones Unidas".

Unos dos mil representantes de las tradiciones religiosas y espirituales del mundo asistieron a esta Cumbre. Treinta de ellos dieron conferencias sobre los temas claves de la Cumbre. Oficialmente, la Madre era una de las voces que representaba al hinduismo, aunque su mensaje era universal.

El primer día se celebraron reuniones de delegados y dignatarios para concretar los temas a tratar e invocar la presencia y las bendiciones de la Divinidad en el programa. Una vez que los delegados ocuparon sus asientos en el salón de la Asamblea General, Amma y los otros conferenciantes entraron silenciosamente en fila, como si caminaran en meditación. Se les mostró su asiento y, de pronto, el silencio fue roto por la asombrosa reverberación del batir de los tambores Taiko. De alguna forma, esta yuxtaposición del silencio y los poderosos sonidos parecía una metáfora de esta conferencia, en donde gente de distintas y, a veces, opuestas creencias, experiencias y formación, se reunían para fomentar, desde esta diversidad, una nueva comunidad mundial, en armonía y basada en un compromiso compartido por la paz. Al día siguiente, la Madre se refería precisamente a esta cuestión durante su discurso cuando dijo:

*"Las simples palabras "nación" y religión" tienden a significar división y diversidad. Cada nación y creencia tiene sus propias características, ideologías e intereses. Esta diversidad puede parecer que genera obstáculos en el fomento de la paz, la felicidad y la prosperidad en el mundo; pero, en realidad, es esta diversidad, la que aporta riqueza y belleza al mundo y a la vida humana, de igual manera que es más bello un ramo de flores de varios colores que un ramo de un solo color."*

Del mismo tema de la unidad y la diversidad se hizo eco Bawa Jain, en su alocución de bienvenida a los participantes de la Cumbre: "Durante el tiempo que pasemos juntos, estudiaremos las formas de cooperación de nuestras instituciones políticas y religiosas para asegurar una mayor paz, restaurar la integridad del medio ambiente y terminar con la desesperación de la pobreza." Las instituciones políticas y religiosas no siempre se han llevado bien, la Cumbre pidió a los miembros de ambas que colaborasen, confiando en el compromiso compartido de mejorar la humanidad.

Después del redoblar de los tambores Taiko y demás ceremonias de apertura, el Sr. Jain dio la bienvenida a los delegados allí reunidos, y pidió a los respetables líderes de las religiones y tradiciones espirituales del mundo que ofrecieran sus oraciones. Llamó a Amma con la familiaridad de un hijo, pero mostrando, a la vez, un inmenso respeto: "Madre, ¿nos podría bendecir con sus oraciones?"

Por supuesto, en el listado de invitados, Amma figuraba como "Sri Sri Mata Amritanandamayi Devi, líder espiritual hindú." Pero incluso en esta grandiosa ocasión, la verdad de su estrecha relación con el mundo no se pudo ocultar. Hablando en nombre de todo el mundo, el Secretario General de la Cumbre, quien no deja de ser un hijo de la Divinidad, dijo: "Madre, ¿nos podría bendecir con sus oraciones?"

Esta familiaridad que Amma manifiesta donde quiera que va, ya sea a la cabaña de un sencillo aldeano de Kerala, la casa del Primer Ministro de la India o las cámaras de las Naciones Unidas, es producto de la propia forma de ser de Amma, de su sencillez que desarma, de su preciosa humildad y su inconfundible amor hacia todos.

Amma rezó dos oraciones por el mundo, conocidas por todos los hindúes, y que se rezan diariamente en todos sus ashrams, dos oraciones que resumen los objetivos de la Cumbre de la Paz del Milenio. Primero, el Swami Amritaswarupananda las tradujo al inglés y, luego, la Madre las recitó en sánscrito.

*"Llévanos de lo irreal a lo real, de la oscuridad a la luz, y de la muerte a la inmortalidad. Que los seres de todos los mundos sean felices.*

*Om, paz, paz, paz."*

Los que estuvimos con Amma durante el nacimiento del nuevo milenio, en la medianoche del 31 de diciembre de 1999, en el templo de Amritapuri, recordamos cómo la Madre hizo que toda la comunidad recitara esta última oración durante casi media hora, y cómo entró en *samadhi* cuando el reloj daba las doce. Si en la nochevieja Amma había hecho la recitación en la intimidad de su ashram, ahora volvía a repetir la misma oración en presencia de los líderes espirituales y religiosos, en el salón de conferencias de las Naciones Unidas.

El segundo día de la conferencia también incluía momentos de música y oraciones, pero fue, sobre todo, un día de discursos.

El Secretario General de las Naciones Unidas, Kofi A. Annan, leyó el discurso inaugural y, más tarde, el Presidente del Comité Consultivo Internacional para la conferencia, Dr. Maurice Strong, habló sobre "Religión, Paz y las Naciones Unidas". Seguidamente se presentó el discurso principal a cargo del Dr. Ted Turner, Presidente Honorario de la Cumbre y Vicepresidente de la compañía Time Warner. El estilo informal del Dr. Turner cautivó a la audiencia, especialmente cuando narró, de manera sencilla y directa, los acontecimientos que le habían ayudado a desarrollar sus opiniones sobre globalidad espiritual. Dada la respuesta del público, estaba claro que sus experiencias eran asumidas por muchos de los oyentes y que sus manifestaciones a favor de un diálogo interreligioso también eran compartidas.

Amma ofreció su discurso durante la sesión dedicada a tratar sobre "El papel que desempeña la Religión en la Transformación de los Conflictos". Por primera vez en la historia, el auditorio de la Asamblea General de las Naciones Unidas vibró con el sonido de la lengua malayalam.

Todo el público pudo seguir el discurso mediante audífonos, ya que las palabras de la Madre eran traducidas simultáneamente al inglés, francés, chino y muchos otros idiomas. El auditorio de la Asamblea estalló en aplausos cuando Amma terminó su alocución. Para aquellos que no tuvieron la suerte de estar presentes en la sala de conferencias de la Asamblea General, en aquel auspicioso día, se ha publicado este libro, para que puedan leer por ellos mismos lo que Mata Amritanandamayi comunicó a los delegados de la Cumbre y al mundo entero.

A los pocos días, cuando Amma regresó a la India, una gran multitud y muchos periodistas la esperaban en el aeropuerto de Cochin.

En el trayecto desde el aeropuerto hasta Amritapuri, Amma fue recibida por miles de admiradores que se agolpaban en la carretera, dificultando el avance de su coche. En las aldeas y a lo largo de la carretera marítima que conduce hasta el ashram, todas las familias, sin importar su religión o casta, rendían honores a Amma en la forma tradicional. Encendían lámparas de aceite ante sus casas, quemaban incienso y balanceaban las llamas del alcanfor. Muchos le ofrecían guirnaldas de flores y la inundaban de pétalos. Una entusiasta ovación y la explosión de fuegos artificiales anunciaban su avance. El coche de Amma tardó cuatro horas en hacer los últimos siete kilómetros, pues Amma se detenía a dar Prasad (ofrendas benditas) a todos los que se acercaban. La alegría y el entusiasmo de la multitud reflejaban el orgullo que sentían de que un Mahatma (gran alma), que además era uno de los suyos, hubiese mostrado la gloria de su antigua cultura ante el mundo entero.

Om
asatomah sat gamayah
tamasomah jyotir gamayah
mrityormah amritam gamayah
Om shanti shanti shanti

Llévanos de lo irreal a lo real,
de la oscuridad a la luz
y de la muerte a la inmortalidad.
Om, paz, paz, paz


Om
lokah samastah sukhino bhavantu
lokah samastah sukhino bhavantu
lokah samastah sukhino bhavantu
Om shanti shanti shanti

Que los seres de todos los mundos sean felices
Om, paz, paz, paz

# Vivir en Armonía

*El papel que desempeña la religión
en la transformación de los conflictos*

Discurso pronunciado por
## Sri Mata Amritanandamayi
en la Cumbre del Milenio por la Paz Mundial
de los Líderes Espirituales y Religiosos

La Asamblea General de las Naciones Unidas
29 de Agosto del 2000

Saludos a todos los que se han reunido hoy aquí, quienes son en verdad la encarnación del amor y del Ser Supremo.

Hemos entrado en un nuevo milenio con grandes esperanzas y expectativas de cambio. Aunque los números indican que los años son diferentes, en esencia nada más ha cambiado. El auténtico cambio debe producirse en nuestro interior. Solo cuando se eliminan la negatividad y los conflictos internos, podemos desempeñar un auténtico y constructivo papel en el establecimiento de la paz. Los inestimables esfuerzos de las Naciones Unidas para unir a todas las naciones con el fin de lograr la paz y la armonía, con el objetivo de la paz en la mente, merecen un sincero reconocimiento. Amma se inclina reverentemente ante vuestra iniciativa y sinceros esfuerzos.

Han transcurrido innumerables milenios desde la aurora de la humanidad. Ha sido un largo camino en busca de paz, prosperidad y felicidad. Hemos conseguido notables progresos. Depende de cada uno de nosotros conseguir que el nuevo milenio sea más rico y más completo que los anteriores. Nuestra meta no debería limitarse a conseguir solo un mundo floreciente y próspero, sino también un mundo que se distinguiera por su paz, cooperación, unidad y compasión hacia todos los seres vivos. Es necesario que el mundo entero progrese cultural, moral y espiritualmente.

En la actualidad, existen multitud de naciones y credos diferentes. Las simples palabras "nación" y religión" tienden a significar división y diversidad. Cada nación y creencia tiene sus propias características, ideologías e intereses. Esta diversidad puede parecer que genera obstáculos en el fomento de la paz, la felicidad y la prosperidad en el mundo; pero, en realidad, es esta diversidad, la que aporta riqueza y belleza al mundo y a la vida humana, de igual manera que es más bello un ramo de flores de varios colores que un ramo de un solo color.

Nadie puede negar la diversidad del mundo, pues constituye su propia naturaleza. Si alcanzamos un profundo entendimiento y asumimos los más nobles valores humanos de nuestras vidas, percibiremos que la belleza del mundo reside precisamente en esa diversidad.

A través de los siglos, hemos aprendido numerosas lecciones de multitud de experiencias, pero también hemos fracasado en algunos aspectos. Solo en el último siglo, hemos padecido dos guerras mundiales en las que millones de hombres, mujeres y niños han perdido sus vidas. Recientemente, hemos asistido a parecidas y horribles tragedias. La posibilidad de una guerra nuclear continua amenazando al mundo. La expansión del terrorismo es un asunto que nos concierne a todos. Las persecuciones religiosas y étnicas siguen siendo una plaga para la humanidad. También constituye una gran preocupación el incremento de la violencia entre nuestra juventud, el consumo de drogas y el abuso infantil. Innumerables personas mueren a diario a causa de la violencia innecesaria que existe en nuestras ciudades. Además, los problemas de hambre, pobreza, enfermedad, contaminación del medio ambiente y los generados por la explotación de la naturaleza, necesitan ser abordados de forma práctica.

Estamos viviendo en una era, en la que la ciencia y las modernas comunicaciones han transformado el mundo, convirtiéndolo en una pequeña comunidad y reduciendo las barreras del tiempo y del espacio. Los últimos avances en el campo de las telecomunicaciones nos mantienen informados instantáneamente de los sucesos que están ocurriendo en cualquier parte del mundo. Los acontecimientos que tienen lugar en una parte del globo afectan, en mayor o menor medida, al planeta entero. Aunque el mundo ha reducido las distancias gracias a la tecnología, no hemos conseguido que se acorten esas distancias entre nuestros corazones. De hecho, la gente parece estar cada vez más separada entre sí. Por ejemplo, los miembros de una familia, aunque físicamente vivan cerca, a menudo son como islas solitarias. El conocimiento y el poder que nosotros, los seres humanos hemos adquirido, nos ha hecho también más solitarios y egoístas, sembrando las semillas del conflicto.

Las sociedades y las naciones están compuestas por individuos. Si miramos hacia atrás, en la historia, comprobaremos que todos los conflictos anteriores proceden del conflicto interno del individuo. Y ¿dónde se encuentra la fuente de dicho conflicto? Está en la falta de conciencia de nuestra verdadera naturaleza, del único poder vivo en nuestro interior del que todos somos una parte. El papel de la espiritualidad, de la auténtica religión, es hacer que se despierte esa conciencia y facilitar el desarrollo de cualidades como el amor, la empatía, la tolerancia, la paciencia y la humildad.

Existe una única Verdad que resplandece en toda la creación. Ríos y montañas, plantas y animales, el sol, la luna y las estrellas, tú y yo; todo es expresión de esa única Realidad. Numerosas personas a lo largo de la historia han alcanzado esta verdad a través de su propia experiencia, y muchos más lo harán. La ciencia moderna está dirigiendo sus pasos hacia el descubrimiento de esta misma verdad.

Para que la paz mundial llegue a ser una realidad, es necesario, primero, llenar de paz y armonía el corazón de cada ser individual. Tendrá que despertarse el amor hacia la humanidad en nuestro interior. El amor y la unidad no son ajenos a la naturaleza humana, constituyen nuestros instintos más fundamentales y son la auténtica base de nuestra existencia.

## El mundo es una familia

El mundo es una familia de la que todos formamos parte. La paz y la unidad prevalecen en una comunidad cuando cada miembro realiza sus tareas y responsabilidades, manteniendo la conciencia de que forma parte integral de la totalidad. Conseguimos que se restablezca la paz y la felicidad sobre esta tierra cuando trabajamos juntos, cuando actuamos como una familia global, y no como pertenecientes a una particular raza, religión o nación.

Cuando viajo alrededor del mundo, innumerables personas acuden a mí y comparten sus penas. Son personas de todas las religiones y países, muchas de ellas son hindúes, cristianas o musulmanas. Algunas me cuentan que su marido, esposa o hijos han muerto en enfrentamientos religiosos. Unas veces se trataba de luchas entre hindúes y musulmanes, otras entre hindúes y cristianos, entre cristianos y musulmanes o, también, entre grupos religiosos, razas o países. Me resulta muy doloroso escuchar todo esto. La causa de tales enfrentamientos radica en que la gente no profundiza en su religión, y no ha sabido absorber los principios esenciales de sus doctrinas.

Había una vez dos países separados por un lago, cuyos habitantes eran tradicionalmente enemigos. Un día hubo una repentina tormenta y unos cuantos barcos se hundieron. Un hombre que intentaba salvar su vida nadando hacia la orilla, vio que otro hombre se ahogaba. Fue en su ayuda y logró salvarlo. Al llegar a tierra, los dos hombres se sintieron tan aliviados que se abrazaron mutuamente y empezaron a hablar. Poco después, descubrieron que pertenecían a países enemigos e, inmediatamente, se encendió la llama del odio entre ellos. El que había salvado al otro le gritó: "Si hubiera sabido que eras mi enemigo, ¡hubiera dejado que te ahogaras!" Cuando este hombre no sabía la nacionalidad del otro, sólo era consciente de su común pertenencia a la humanidad. Poseía un instintivo sentido de hermandad y compasión tan elevado, que llegó a arriesgar su propia vida por salvar la del otro. Por un momento, era, ante todo, una persona con los más profundos y admirables valores humanos. Sus otras ataduras quedaban en un segundo plano. Nosotros somos básicamente seres humanos, miembros de la misma familia global. Solo, más tarde, nos convertimos en miembros de una religión o de un país. Bajo ninguna circunstancia deberían nuestras ataduras a una religión, sociedad o país, hacernos olvidar nuestros valores humanos fundamentales.

Nadie es una isla aislada, todos constituimos los eslabones de la gran cadena de la vida. Conscientes o no, cada acción que llevamos a cabo tiene un efecto sobre los demás. Las vibraciones de gozo y dolor, así como los buenos y malos pensamientos que emanan de cada ser vivo, impregnan todo este universo, incidiendo en cada uno de nosotros. Todo este cosmos existe en un estado de mutua dependencia y apoyo. Vivir de acuerdo con este principio de armonía universal, es lo que se conoce como dharma. El dolor de cada ser vivo en este mundo, es nuestro dolor, y la felicidad de cada ser vivo, es nuestra felicidad. No podemos dañar ni siquiera a una pequeña hormiga, sin dañarnos a nosotros mismos. El mal que hacemos a los demás, también nos lo hacemos a nosotros. De igual manera, cuando ayudamos a los demás, nos estamos ayudando a nosotros mismos.

Imaginemos a un hombre que se sienta en el portal de su casa por la noche, bajo una luz. De pronto, el viento apaga esa luz. Solo entonces consigue que sus ojos se abran a la belleza de una sonriente luna llena y a su refrescante luminosidad. Sabe que nin-gún viento podrá extinguir aquella luz lunar. De igual forma, cuando abandonamos nuestro egoísmo, recibimos a cambio un gozo inmenso e inextinguible.

Deberíamos esforzarnos por alcanzar un estado en el que seamos capaces de ver a todos los seres del mundo, animado e inanimado, como parte de nuestro propio Ser. Al igual que la mano derecha acude a socorrer a la mano izquierda cuando está herida, deberíamos despertar en nosotros la capacidad de sentir el sufrimiento de todos los seres, como si fuera nuestro propio sufrimiento, y sentir un intenso anhelo por consolarlos.

Los seres humanos tienen diferentes naturalezas y temperamentos. Sus ideas y deseos no son siempre los mismos, a menudo están en conflicto. Pero solo tenemos una tierra disponible para vivir en ella, por tanto debemos resolver nuestros conflictos de inmediato. Hoy en día, poseemos la capacidad para destruir este punto azul, llamado tierra, que adorna la frente de la Madre Universal. Pero también tenemos la capacidad de crear el cielo en la tierra. El futuro de la humanidad depende de la elección que hagamos.

## Asimilar la esencia de las religiones

La meta de todas las religiones es una: la purificación de la mente humana. Vencer nuestro egoísmo, amar y servir a nuestro prójimo, y elevar el nivel de conciencia universal, son objetivos comunes a todas las religiones. El objetivo de la religión es el fomento de estos valores humanos y despertar la divinidad innata de cada persona.

Aunque los fundadores de todas las religiones realizaron y practicaron los más nobles ideales en sus vidas, sus seguidores no han sabido, en muchas ocasiones, vivir de acuerdo con esos ideales. En lugar de centrarnos en la esencia de los principios religiosos de amor y compasión, nos fijamos en los rituales externos y en las tradiciones que varían de una religión a otra. Así es como estas religiones, que originariamente fomentaban la paz y el sentido de la unidad entre nosotros, se han convertido en un instrumento para expandir la guerra y los conflictos. Si asumiéramos los principios esenciales de las religiones, en lugar de quedarnos atrapados en sus aspectos superficiales, la religión se convertiría en un medio para la paz mundial. Este hecho no niega la importancia de las disciplinas religiosas y de las tradiciones. En realidad, tienen su propio valor, pues son necesarias para nuestro desarrollo espiritual. Pero debemos recordar que estas tradiciones constituyen los medios para llegar a la meta, y no son la meta en sí.

Supongamos que una persona tiene que cruzar un río en barca. Al llegar a la otra orilla deberá abandonar la embarcación y seguir adelante. Si insiste en sujetarse a la barca, no podrá avanzar. De forma similar, tenemos que dar más importancia a los fines de la religión y no mantenernos demasiado apegados a los medios. Los líderes religiosos deben enfatizar la esencia interior de la religión e impulsar a la gente a practicar los ideales encontrados allí. Deberíamos recordar que la religión es un medio para la humanidad, y no la humanidad para la religión.

Muchas prácticas religiosas se acomodaron a las necesidades de la época en las que tuvieron su esplendor. Para abordar los problemas actuales, tenemos que estar dispuestos a reexaminar aquellas prácticas e introducir cambios que estén en consonancia con los tiempos en los que vivimos. Ningún líder religioso o ningún santo ha dicho que el amor y la tolerancia tengan que ser practicados solo por los creyentes de su propia religión. Son valores universales. Lo que el mundo actual necesita no es más propaganda religiosa, sino nuestro esfuerzo centrado en ayudar a la gente para que se embeba de la esencia de la religión.

## Una nueva era de armonía entre religiones

Un buen indicador de una alta civilización, es su grado de tolerancia y apertura para aceptar, inclu-so, a grupos divergentes. Con la luz de este principio, deberíamos acercarnos a los problemas actuales y acompasar todas las diferentes polaridades. Olvidemos los errores y fracasos del pasado. En esta era de cooperación global, todos los grupos religiosos deberían estar preparados para responder a las necesidades de este tiempo. Renunciemos a los anticuados medios violentos y entremos en una nueva era de hermandad y cooperación.

## Reconocer los puntos conflictivos

Los líderes religiosos del mundo deberían reunirse y tratar con sinceridad sobre los fines esenciales de la religión. A través de estos encuentros, se podrían reducir las contradicciones y adquirir una nueva percepción de los principales puntos conflictivos. Para solucionar los complejos y controvertidos temas, tales como libertad religiosa, conversión y fanatismo, los líderes religiosos deberían dialogar conjuntamente, con los corazones abiertos, a fin de llegar a soluciones prácticas, mutuamente aceptables.

Desde luego, para que tales discusiones sean fructíferas, deberíamos primero sembrar la semilla del amor, la paz y la paciencia dentro de cada uno de nosotros. Solo aquellos que experimentan verdadera paz en su interior, pueden dar paz a los demás. Hasta que no logremos desterrar de nuestro interior el odio y la hostilidad, todos nuestros intentos por lograr una paz perdurable estarán abocados al fracaso, pues esos intentos estarán contaminados por nuestra atracción o aversión individual.

En cierta ocasión, los líderes de tres religiones, A, B y C, decidieron celebrar un encuentro para conseguir la paz. Dios se sintió sumamente complacido por tales esfuerzos, así que decidió enviarles un ángel durante la celebración. El ángel preguntó a los líderes qué es lo que cada uno deseaba. El líder de la religión A dijo: "La religión B es la responsable de todos los problemas, te suplico, por tanto, que elimines a sus seguidores de la faz de la tierra". El líder de la religión B dijo: "La religión A es la causante de todos nuestros problemas, deberías reducirla a cenizas". Ante la expresión de estos deseos, el ángel se sintió decepcionado. Entonces se dirigió, con gran expectación e interés, hacia el líder de la religión C. Éste, mostrando una expresión grave y humilde, dijo: "No deseo nada para mí, ¡me bastaría con que atendieras las súplicas de mis dos colegas!"

Esta historia es una parodia de los esfuerzos actuales por la paz. Aunque la gente sonría entre sí, el odio y la desconfianza bulle en su interior. La paz es esencial para todos nosotros. La paz no es solo la ausencia de guerra o conflicto, va mucho más allá de todo eso. Es el espíritu de armonía dentro de nosotros mismos. La paz debe ser fomentada en el interior de cada individuo, en la familia y la sociedad. No basta con trasladar las armas nucleares del mundo a un museo, pues esa sola acción no aportaría la paz mundial. Deberían, primero, ser eliminadas de nuestra mente. Ese es el cometido que pueden desempeñar las religiones.

## Cultivar tolerancia y curar las heridas del conflicto

La amplitud de visión para aceptar diferentes opiniones y gentes diversas, constituye un rasgo de civilización. Deberíamos ser capaces de afrontar todos los problemas con esa actitud, y aceptar cualquier diferencia que pueda surgir. Olvidemos los fallos y errores del pasado, y hagamos que los líderes religiosos y sus representantes actuales sean un nuevo ejemplo ante el mundo, mostrando una mente abierta, un entendimiento mutuo y un alto grado de cooperación. Lo que el mundo precisa ahora, más que nada, son ejemplos vivos.

Los líderes religiosos deberían tomar la iniciativa en la resolución de los conflictos y reestablecer la paz en sus respectivas zonas de influencia. Estos líderes también tendrían que desempeñar un papel constructivo, facilitando consuelo y ayuda necesaria a las víctimas de la opresión.

En la actual sociedad civilizada y global, los propósitos religiosos no deberían ser propagados a través de medios inadecuados. La finalidad histórica de la religión no es la de levantar muros de división en la sociedad, sino la de unir a la gente mediante el hilo del amor universal.

## Libertad de religión

Ahora es el momento de dar la bienvenida al nacimiento de una nueva era de paz y fraternidad, y abandonar la desconfianza y la violencia. El mundo civilizado ha aceptado el derecho de cada persona a seguir y practicar la fe de su elección. Existen religiones mayoritarias y minoritarias en todo el mundo. Los líderes religiosos deberían fomentar iguales derechos para todas las religiones. Esforcémonos por asegurar que los derechos básicos de las minorías religiosas y étnicas sean salvaguardados.

## El problema de la conversión

El derecho a compartir con los demás las creencias de una persona, se considera generalmente como una parte de la libertad religiosa. Sin embargo, los conflictos sobrevienen cuando diferentes grupos compiten entre sí por expandir su religión e intentan convertir a los demás. Actualmente, muchas familias y sociedades viven separadas a causa de estos conflictos. Como respuesta, los líderes religiosos deberían sentarse juntos y establecer unas líneas básicas, asumibles por todos los credos.

Todas las grandes religiones poseen infinita sabiduría y belleza para ser compartidas. Deberíamos crear oportunidades para que todas las gentes, especialmente los jóvenes, aprendan no solo sobre su propia religión, sino también los principios de otras religiones, y lleguen a apreciar sus nobles ideales. En lugar de intentar incrementar el número de seguidores, las religiones deberían propiciar un ambiente en el que cualquiera pudiera aceptar ampliamente los nobles principios de las otras religiones. Vayamos más allá de la conversión religiosa y trabajemos para eliminar la estrechez de miras y la división. Hay un mantra en las Escrituras, en el *Sanatana Dharma*[1], que dice: "Dejemos que los nobles pensamientos e ideas lleguen hasta nosotros desde todas partes." Que sea este el eslogan de las religiones para el nuevo milenio.

---

[1] Popularmente conocido como el Hinduismo.

## Extremismo

El fanatismo y el terrorismo que genera, son dos delos más serios problemas con los que se enfrenta el mundo moderno. El extremismo religioso se desarrolla por un escaso entendimiento de los objetivos básicos de la religión y por la explotación de los sentimientos religiosos. Sus líderes deberían desaconsejar aquellas actividades que pongan en peligro los valores humanos, y crear una corriente de conciencia en contra de estas acciones deplorables.

## La transformación interior: la llave hacia la auténtica paz

La llave de la paz mundial se halla en cada uno de los individuos que habita este planeta. Al igual que cada miembro de una familia comparte la responsabilidad de salvaguardar el hogar, cada uno de nosotros comparte la responsabilidad de la paz mundial. El amor y la unidad no son ajenos a la naturaleza humana, pues constituyen el auténtico fundamento de la existencia humana.

Es necesario aportar ayuda material a los necesitados, ya sea comida, ropa, vivienda o cuidados médicos. Sin embargo, no basta con todo esto, ya que debemos profundizar mucho más. Tenemos que conseguir paz permanente y felicidad en nuestras vidas, así como en el mundo entero.

La religión es la ciencia de la mente, que proporciona una nueva comprensión de su naturaleza. Actualmente somos capaces de refrigerar el mundo externo, pero aún no hemos aprendido a refrigerar nuestra mente. Intentamos clonar seres humanos, pero no hemos intentado crear dentro de nosotros mismos a un perfecto, cariñoso y pacífico ser humano. Una parte importante de la religión aborda este proceso de purificación.

Hoy en día somos conscientes de la necesidad de proteger nuestro medio natural, y desde luego esto es esencial. Sin embargo, no solemos preocuparnos de la contaminación que crean los pensamientos y las acciones negativas en la atmósfera y en la conciencia de la humanidad. La contaminación interior de la mente es, en sus diversas formas, mucho más letal que la contaminación química, ya que tiene el poder de destruir la humanidad en cualquier momento. En consecuencia, necesitamos purificar nuestra atmósfera mental.

Una transformación positiva y perdurable en la sociedad, solo puede conseguirse a través de una corrección de la mente humana. Después de eliminar las impurezas del egoísmo, de los celos, el odio y la ira de nuestro interior, la religión ilumina la lámpara del amor en los corazones de la humanidad. El deber de la religión es el de inculcar virtudes en las personas, modelar sus caracteres, llenar sus mentes con amor y hacer que se interesen por los demás.

## Principios espirituales en la Educación

El mundo de mañana estará conformado por los niños de hoy. En sus tiernas mentes resulta fácil cultivar los valores humanos universales. Si transitamos unas cuantas veces por un campo de suave y fina hierba, muy pronto se formará un pequeño sendero. Pero será muy difícil formar una pequeña senda sobre un camino rocoso, aunque transitemos innumerables veces por él. La enseñanza de los principios espirituales universales y de los valores humanos debería ser parte esencial de la educación general, y no ser solo responsabilidad de la familia. Esta medida no debería tardarse más tiempo, pues el retraso en su aplicación hará que las futuras generaciones se pierdan.

Una gran preocupación actual son los incontables jóvenes que se sienten no amados, alienados y frustrados. Se han desarrollado en una sociedad que les enseña a pensar "¿Qué puedo conseguir?", en lugar de pensar en "¿Qué es lo que puedo dar al mundo?" Están aprendiendo, a través de los medios de comunicación, que la violencia es un medio legítimo para poner fin a cualquier clase de conflicto. Faltos de una apropiada guía y de comportamientos modélicos, muchos se drogan huyendo de los retos que les presenta la vida. Esto destruye sus mentes jóvenes, al igual que un gusano destruye una tierna flor antes de florecer. Hagamos una llamada a los medios de comunicación y a las instituciones educativas para contribuir, a través de su influencia, a la transformación de la mal instruida juventud actual, para lograr que sean seres amables, positivos y amantes de la paz.

## Desigualdad económica

No podemos perder de vista las necesidades esenciales de las personas, pues hasta que estas necesidades se satisfagan, es imposible para alguien aspirar a niveles más elevados de conciencia y entendimiento. Mientras en alguna parte del mundo haya gente que muera de hambre o sufra pobreza, este mismo hecho constituirá un motivo de vergüenza para todas las naciones. Sobre la base del ideal religioso de la hermandad universal, todas las naciones que estén en posición de ayudar deben compartir sus bienes y recursos. Hay suficiente para la supervivencia de todos los seres vivos que habitan la tierra, aunque no haya suficiente para satisfacer la codicia de unos pocos.

Los líderes religiosos, junto a las naciones individuales, las organizaciones oficiales y las no gubernamentales, deberían participar en la mejora de las condiciones en las que viven los seres oprimidos. La compasión hacia nuestro prójimo es el primer paso en el camino espiritual. Dios no está confinado en un lugar concreto, lo impregna todo. Dios reside en todos los seres, tanto animados como inanimados. Dios debería también ser adorado en el pobre y en el enfermo. La naturaleza de Dios es pura compasión. Tender la mano a una alma abandonada, alimentar al hambriento, dirigir una sonrisa compasiva al triste o desanimado, ese es el auténtico lenguaje de la religión. Deberíamos invocar la compasión de Dios para que descienda sobre nuestros corazones y manos. El vivir únicamente para uno mismo no es vida, sino muerte.

## El deber de las naciones

Este mundo es como una flor. Cada nación es un pétalo de esta flor. Si uno de los pétalos está infectado, pronto se verá afectado el resto, haciendo que la vida y la belleza de la flor queden destruidas. Al comprobar esta verdad, las naciones del mundo deberían poner los medios precisos para constituir la base de una nueva era áurea de cooperación y coexistencia. Cualidades como el amor, la solidaridad y la generosidad no son exclusivas de los individuos, tendrían que convertirse en las señas de identidad de cada nación, y en el alma de la sociedad.

Hemos dejado atrás épocas oscuras en las que se creía que la guerra y la colonización constituían el deber de los gobernantes. Todas las naciones y, especialmente, organizaciones como las Naciones Unidas, se han creado paras proteger los derechos humanos y evitar la opresión y la dictadura en todas las áreas. Dejemos que las Naciones Unidas expandan sus actividades hasta los más altos reinos de la conciencia humana. La armonía entre las naciones sólo será posible a través de la mejora y el desarrollo espiritual de los individuos. Con esta idea como objetivo, las Naciones Unidas deberían estimular el desarrollo de la espiritualidad y fomentar los valores humanos.

## Ningún esfuerzo es inútil

Algunos dicen que el mundo seguirá igual por mucho que hagamos para cambiarlo. Pueden argumentar que esforzarse por la paz mundial es tan inútil como intentar poner derecho el rabo de un perro. Por mucho que uno lo intente, el rabo vuelve inmediatamente a su posición inicial. Sin embargo, a través del constante esfuerzo, y aunque el rabo del perro siga igual, desarrollaremos nuestros músculos. De igual modo, pase lo que pase, fracasemos o triunfemos en conseguir la paz mundial, evolucionaremos a mejor por nosotros mismos. Aunque no haya cambios visibles, nuestro cambio finalmente repercutirá en el cambio del mundo. Es más, cualquier armonía existente en el mundo actual, es el resultado de tal esfuerzo.

No tiene sentido obsesionarse por el pasado. El pasado es como un cheque cancelado, carece de validez. Para crear un futuro positivo, debemos ser capaces de perdonar, y no dedicarnos a causar todo el daño y la destrucción que nos han infringido en el pasado. Esto es fundamental para todas las religiones. Debemos aprender del pasado, si no queremos repetir nuestros errores. Después de clavarnos una espina en un pie, caminamos poniendo mucha más atención, lo que puede evitar que caigamos en una zanja que se encuentra más adelante. Con esta actitud, deberíamos valorar las experiencias dolorosas del pasado. Todos aquellos que en ocasiones anteriores han dañado a otros, deberían ahora realizar acciones positivas para elevar a las víctimas de su pasada opresión. Estos principios son válidos tanto para gobiernos, como para individuos. Cada nación debería fomentar una atmósfera de perdón, apertura, fraternidad y confianza, que posibilite la cicatrización de las viejas heridas. Para curar las heridas, la ruptura de relaciones se debería coser con el hilo del amor. Lo que necesitamos para conseguirlo, no es conocimiento intelectual, sino ser conscientes de nuestra unidad.

Las naciones y religiones que se han enfrentado en el pasado, deberían crear una nueva atmósfera de buena voluntad, confianza y apoyo mutuo. Aquellas naciones que han invadido o han explotado a otras naciones y religiones en el pasado, deberían ofrecer su apoyo a las naciones oprimidas. La paz mundial surge de la confianza mutua, y para que crezca esa confianza es necesaria una atmósfera de amistad y cooperación.

Es más necesaria la acción que las palabras. El hambre de una persona hambrienta no será saciado si sencillamente escribimos en un papel. "Es necesario alimentar al hambriento". Centrémonos en lo que podemos dar a los demás y no en lo que podemos conseguir para nosotros mismos. Solo entonces, lograremos una total transformación en nuestra familia global.

Se presentan a continuación algunas áreas problemáticas, reconocidas globalmente, en las que deberían centrar sus esfuerzos las Naciones Unidas.

• Los hombres y las mujeres son iguales en la creación de Dios. Sin embargo, a lo largo de los siglos, la penosa condición de la mujer apenas ha mejorado. Las mujeres, que dan nacimiento a la humanidad, deberían tener asegurado un papel igualitario en la sociedad.

• Millones de personas están sufriendo a causa del SIDA, el cual continua extendiéndose como la pólvora. Esta enfermedad debe quedar controlada.

• Hagamos que las Naciones Unidas lleven la iniciativa para la transformación de un mundo de conflictos, en un mundo de paz, por medio de la formación de grupos de jóvenes dedicados al servicio de la comunidad. Estos jóvenes emisarios, sirviendo desinteresadamente por todo el mundo, serán motivo de inspiración para que la gente cultive los valores espirituales universales y humanos. Lo que no podemos conseguir con derramamiento de sangre, lo podemos conseguir a través del amor.

• El terrorismo y la violencia contra los seres humanos, en nombre de alguna religión, deberían ser condenados internacionalmente y habría que adoptar acciones contundentes y apropiadas.

• La excesiva explotación de la Naturaleza debería reducirse. Necesitamos adoptar una perspectiva completamente nueva y adoptar una política previsora, que respete y considere las necesidades y aspiraciones de generaciones futuras. Tendríamos que tomar de la Naturaleza solo aquello que necesitamos, pues si tomamos con avaricia, nuestra propia existencia se verá afectada.

El progreso material, por sí solo, no creará paz o prosperidad en el mundo. La necesidad actual es la de progresar en todos los aspectos de la vida. Básicamente, el progreso y la expansión surgirán solo del amor y del sentido del deber hacia nuestros congéneres, rasgos que proceden de una perspectiva espiritual. Ese progreso y expansión deberían ubicarse en la vida de los individuos y de la sociedad en general. La era que acabamos de pasar ha sido la Era de la Ciencia. Ahora es el momento de generar una nueva era, la Era del Amor y la Espiritualidad.

Es posible percibir la unidad que subyace en toda la humanidad, aunque formemos parte de diferentes religiones, sociedades, razas, culturas o naciones. De hecho, ya lo percibimos. Si integramos los más profundos ideales de cualquier religión en nuestras propias vidas, nos volveremos mucho más expansivos, de forma natural, y se despertará en nosotros la conciencia de la unidad, la misma Divina Realidad que brilla en todos los seres vivos. El egoísmo se desvanecerá y nuestras vidas se convertirán en una auténtica ofrenda al mundo. En ese estado de carencia de egoísmo, la alegría llenará nuestros corazones y fluirá alcanzando a todos los seres.

Finalmente, el amor es la única medicina que puede cicatrizar las heridas del mundo. En este universo, es el amor el que religa todas las cosas. El amor es el verdadero fundamento, la belleza y la finalidad de la vida. Si profundizamos suficientemente en nuestro interior, encontraremos que un hilo de amor universal nos une a todos los seres. Cuando esta conciencia alboree en nuestro interior, toda inarmonía desaparecerá. Solo reinará una paz permanente.

Permitamos que la luz del amor y de la paz brille en nuestros corazones. Que todos nos convirtamos en mensajeros de la paz universal, iluminando los corazones de todos los seres. Dejemos que la gloria de la paz se extienda por todas partes, disipando la oscuridad del odio y del conflicto, que ha ensombrecido al mundo actual. Que todos despertemos a un nuevo mañana, lleno de amor universal y fraternidad. Este es el auténtico propósito y el sueño de las Naciones Unidas. Que el *Paramatman*, el Poder Supremo, derrame su gracia sobre nosotros para que podamos realizar esta noble súplica.

~ॐ~

www.ingramcontent.com/pod-product-compliance
Lightning Source LLC
Chambersburg PA
CBHW070636050426
42450CB00011B/3232